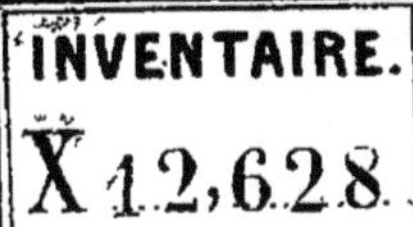

NOUVEAU
SYLLABAIRE

OU

MÉTHODE FACILE

POUR APPRENDRE A LIRE AUX ENFANTS;

ORNÉ DE 63 GRAVURES.

EN FRANÇAIS.

LIMOGES

ARDILLIER, IMPRIMEUR-LIBRAIRE, PLACE DES BANCS.

1857

Mon Dieu,
bénissez le commencement
de mon intelligence.

Au nom du Père, et du Fils,
et du Saint-Esprit,
Ainsi soit-il.

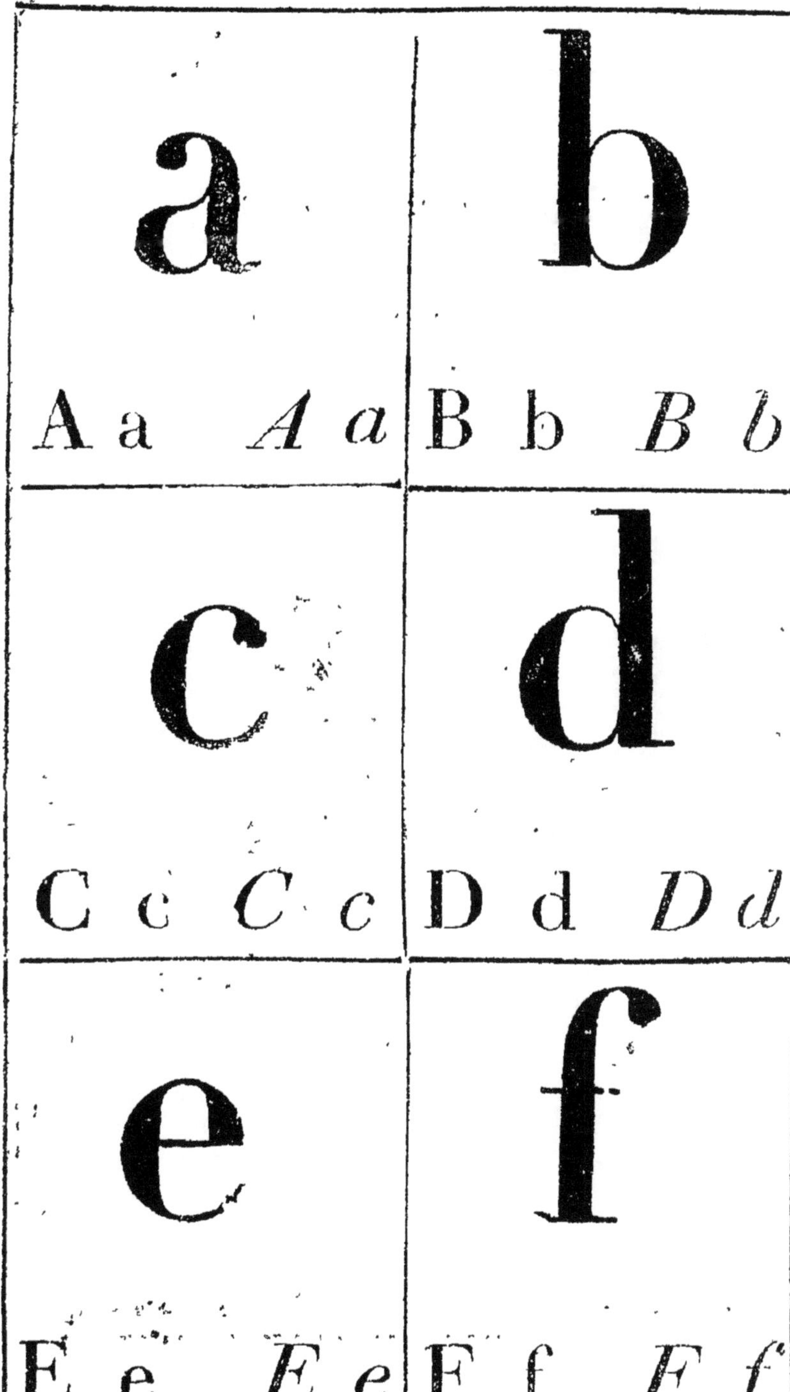
A a   A a   B b   B b
C c   C c   D d   D d
E e   E e   F f   F f

g
G g *G g* | h
H h *H h*

ŋ
I i *I i* J j *J j* | k
K k *K k*

l
L l *L l* | m
M m *M m*

n	o
N n *N n*	O o *O o*
p	q
P p *P p*	Q q *Q q*
r	s
R r *R r*	S s *S s*

t	u
T t *T t*	U u *U u*
v	x
V v *V v*	X x *X x*
y	z
Y y *Y y*	Z z *Z z*

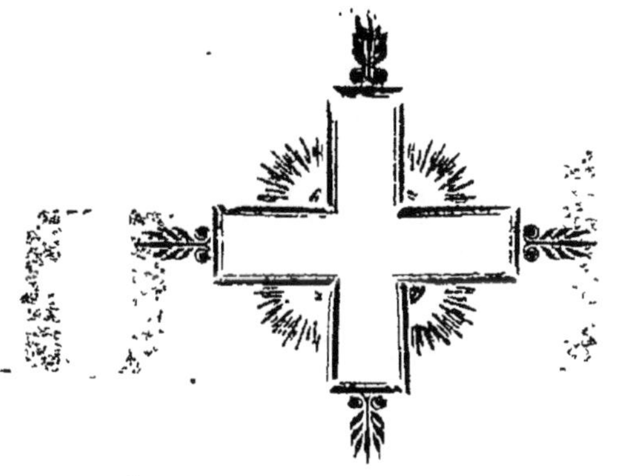

a b c d e f g h i j k l m
n o p q r s t u v x y z.

Let-tres : Ca-pi-ta-les.

A B C D E F G H
I J K L M N O P Q
R S T U V X Y Z.

Let-tres : d'I-ta-li-que.

a b c d e f g h i j k l m
n o p q r s t u v x y z.

Ca-pi-ta-les : d'I-ta-li-que.

A B C D E F G H I J K

L M N O P Q R S T U V X Y Z (Æ OE W Ç.)

Vo-yel-les.

a e i o u.

Con-son-nes.

b c d f g h j k l m

n p q r s t v x y z.

Diph-ton-gues.

æ, œ, ai, au, ei, eu, ay.

Let-tres : dou-bles.

fi ffi ff fl ffl w.

Ponc-tu-a-tion.

Apostrophe (')   *l'or.*

Trait-d'union (-) *l'o-ra-ge.*

Guillemet (»)   Virgule (,)

Parenthèses ( )   Deux points (:)

Point (.)   Point et Virgule (;)

SYL-LA-BES.

a	e	i	o	u
ba	be	bi	bo	bu
ca	ce	ci	co	cu
da	de	di	do	du
fa	fe	fi	fo	fu
ga	ge	gi	go	gu
ha	he	hi	ho	hu
ja	je	ji	jo	ju
la	le	li	lo	lu
ma	me	mi	mo	mu
na	ne	ni	no	nu
pa	pe	pi	po	pu
qua	que	qui	quo	quu
ra	re	ri	ro	ru
sa	se	si	so	su
ta	te	ti	to	tu
va	ve	vi	vo	vu
xa	xe	xi	xo	xu
za	ze	zi	zo	zu

AU-TRES SYL-LA-BES.

ab	ad	af	al	am	an	as	au
bac	bal	bam	ban	bar	bas	bat	bau
cab	cal	cam	can	car	cas	cat	cau
dac	dal	dam	dan	dar	das	dat	dau
eb	el	em	en	er	es	et	eu
fac	fal	fam	fen	fer	fes	fet	fau
gac	gel	gam	gen	ger	ges	get	gau
hac	hal	ham	hen	her	hes	het	hau
jac	jal	jam	jen	jer	jes	jet	jau
kac	kal	kam	kan	kar	kas	kat	kau
lac	lal	lam	lan	ler	les	let	lau
mac	mal	mam	man	mer	mes	mat	mau
nac	nal	nam	nan	ner	nes	net	nau
oc	ol	om	on	or	os	ot	ou
pac	pal	pam	pan	par	pas	pat	pau
quac	qual	quam	quan	quor	quos	quat	quau
rac	ral	ram	ren	ror	ras	rat	rau
sac	sed	sam	sen	sor	sas	sat	sau
tac	taf	tam	ten	tor	tas	tat	tau
vac	vec	vic	voc	vom	ven	vat	vau
xac	xec	xic	xoc	xom	xen	xaf	xau
yac	yec	yic	yoc	yom	yen	yaf	yau
zac	zec	zic	zoc	zom	zen	zaf	zau

MOTS A ÉPELER.

<table>
<tr><td>â ne</td><td>ma ri</td><td>bo bi ne</td></tr>
<tr><td>bê te</td><td>mè re</td><td>ca ba ne</td></tr>
<tr><td>ça fé</td><td>mi di</td><td>ca na pé</td></tr>
<tr><td>cô té</td><td>or me</td><td>do mi no</td></tr>
<tr><td>cu re</td><td>na pe</td><td>du re té</td></tr>
<tr><td>da me</td><td>pa pa</td><td>é co le</td></tr>
<tr><td>dé fi</td><td>pi pe</td><td>é pi ne</td></tr>
<tr><td>dî né</td><td>râ pe</td><td>fi gu re</td></tr>
<tr><td>du pe</td><td>rô ti</td><td>ga ba re</td></tr>
<tr><td>é pi</td><td>tê te</td><td>lé gu me</td></tr>
<tr><td>fa de</td><td>tê tu</td><td>mi nu te</td></tr>
<tr><td>fê te</td><td>vi de</td><td>oc ta ve</td></tr>
<tr><td>fi le</td><td>zè le</td><td>o li ve</td></tr>
<tr><td>ga ze</td><td>zé ro</td><td>pe lo te</td></tr>
<tr><td>î le</td><td>a bî me</td><td>re mè de</td></tr>
<tr><td>ju pe</td><td>a do ré</td><td>sa la de</td></tr>
<tr><td>li re</td><td>ar mu re</td><td>vé ri té</td></tr>
<tr><td>lu ne</td><td>a và re</td><td>vo lu me</td></tr>
</table>

Mots faciles à épeler.

Pa pa.	Pôm me.	Mon Dieu
Ma man.	Bal lon.	Dra gon.
Ton ton.	Bou le.	Oi seau.
Ta ta.	Bre bis.	Gre lot.
Cou sin.	Cou teau	Mai son.
A mi.	Cli mat.	Trom per
Bon bon.	Chi en.	Pain.

Mots accentués à épeler.

Gâ teau.	Mê me.	Vô tre.
Pâ té.	Paî tre.	Po ë me.
Pâ tre.	A pô tre.	Mo ï se.
Pè re.	Gî te.	Sa ül.

Phrases à épeler.

J'ai me mon pa pa. Je se rai bi en sa ge, et l'on m'ai me ra bi en. J'irai me pro me ner tan tôt, si le temps est beau

Quand j'au rai bien lu ma le çon, on me don ne ra des dra gées que je man ge rai.

Les cou teaux cou pent ; les é pin gles pi quent ; les chats é gra ti gnent ; le feu brû le.

Voi ci un che val : il a qua tre jam bes ; les oi seaux n'ont que deux jam bes ; mais ils ont deux ai les ; ils vo lent. Les pois sons ne vo lent pas, ils na gent dans l'eau ; les pois sons ne pour raient pas vi vre dans l'air. Le vez la tê te, vous ver rez lui re le so leil. C'est Dieu qui l'a fait et tout ce que nous vo yons ; il est le maî tre de tout et il sait tout. Pour plai re à Dieu, un en fant doit o bé ir à ses pa rens, et li re sa le çon.

Pro-non-ci-a-tion des **E.**

e muet, sans accent, comme le, me, te, be, ra-ve, ne, de, que.

é fermé, ayant l'accent aigu, comme é-té, san-té, bon-té, pâ-té.

è ouvert, ayant l'accent grave, comme très, pro-cès, mè-re, pè re.

ê circonflexe, ayant les accents aigu et grave réunis, comme mé-me, té te, fé-te, é tes.

Pro-non-ci-a-tion des con-son-nes.

b, *c,* *d,* *f,* *g,* *h,* *j,* *k,* *l,* *m,*
be. ce. de. fe. gue. ha. je. ka. le. me.

n, *p,* *q,* *r,* *s,* *t,* *v,* *x,* *z.*
ne. pe. que. re. se. te. ve. cse. ze.

Lettres ayant une double prononciation.

e *s'écrit* par . . . œ (o é) . . . œu vre

i par . . . y (i grec) . . . my stè re

ii par . . y . . . . . noya de

s par . . ç . . . . fa ça de

f par . . ph (fi) . . . phra se

c par . . qu (cû) . . . qua tre

cs par . . x (cse) . . . ma xi me

gz par . . x . . . . exer ci ce

é par . . ai . . . . chaî ne

è par . . ei . . . pei ne

ô par . . au . . . jau ne

an par . . en . . . men son ge

an par . . am, em am be, em pi re

in par . . im . . . im por tun

on par . . om . . . om bra ge

ill par . . il, ll, l bail, fi lle, ba bil.

Lettres muettes et qui ne doivent pas être prononcées.

a	*est* NUL *dans*	pain	c *est* NUL *dans*	o ccu pé
c		broc	f	a ffi che
d		ni*d*	l	ba *ll*on
e		pein tre	m	po *mm*e
e		beau té	n	so *nn*eur
e		fo lie	p	a *pp*ui
g		san*g*	p	dra*p*
h		*h*a bi le	r	beu *rr*e
h		ca *h*o té	s	bo *ss*u
h		r*h*u me	s	re pos
h		t*h*é â tre	t	bo *tt*e
l		ou ti*l*	t	sa lu*t*
u		lan g*u*e	x	pri*x*

nt *est* NUL *dans* ILS aime*nt*.

Lettres muettes.

*a*insi	teindre	rideau
patr*ie*	guêpe	*h*ibou
tra*hir*	r*h*éteur	t*h*é
accordé	éto*ff*e	vi*ll*age
go*mm*e	ca*nn*e	na*pp*e
carré	bécasse	gou*tt*e
tabac	froi*d*	éta*ng*
fusi*l*	galo*p*	refus
profi*t*	épou*x*	ILS rêve*nt*
plainte	ceinture	cerceau
armée	languir	hôtel
cohorte	r*h*ubarbe	méthode
saccade	gri*ff*e	décollé
po*mm*ade	éto*nn*é	appelé
barricade	a*ss*a*ss*in	bo*tt*ine
jonc	bavar*d*	faubourg

Lettres ayant une autre prononciation.

e se prononce POUR.	.a	fem me
k (ca)	c	al *ka* li
w (*double v*)	ou faible	*wi*sk
aï	é	*ai* ma ble
ez	é	ve n*ez*
er	é	co ch*er*
œ	é	f*œ* tus
eu	u	il a *eu*
u	ou	a q*u*a ti que
en	in	eu ro pé *en*
um	om	al b*um*
ueil	euill	re c*ueil*
ch	c	*cho* lé rà
x	s	soi *x*an te
x	z	deu *x*iè me

Liaison des mots.

Lisez :	comme s'il y avait :
taba*c* à fumer,	taba *c*à fumer.
soi*f* ardente,	soi *f*ardente.
tota*l* exact,	tota *l*exact.
mo*n* ami,	mo *n*ami.
tro*p* étroit,	tro *p*étroit.
peti*t* enfant,	peti *t*enfant.
vou*s* écrirez,	vou *z*écrirez.
deu*x* heures,	deu *z*heures.

FABLE A ÉPELER.

LA POULE ET LE COQ.

U-ne : Pou-le : di-sait : à : un : jeu-ne
Coq : son : fils : qui : s'é-tait : per-ché
sur : le : bord : d'un : puits : Mon : fils
c'est : là : qu'un : de : vos : frè-res : a
per-du : la : vie : en : es-sa-yant : de
vo-ler : dans : cet : en-droit : fa-tal.
Crai-gnez : que : vo-tre : té-mé-ri-té
ne : vous : at-ti-re : le : mê-me : sort.
Le : Coq : lui : pro-mit : d'ê-tre : sa-ge
mais : à : pei-ne : sa : mè-re : l'eut-el-le
per-du : de : vue : qu'il : vo-la : sur : le
bord : du : puits. Il : se : bais-se : voit
son : i-ma-ge : et : cel-le : du : grain
qu'il : te-nait : à : son : bec. Oh! dit-il
c'est : un : coq : qui : sans : dou-te : se
nour-rit : de : grains : ca-chés : dans
ce : lieu : qu'on : dit : si : fu-nes-te
vo-yons : si : je : ne : pour-rais : a-voir
ma : por-tion : de : ce : bu-tin. A
l'ins-tant : il : s'é-lan-ce : au : fond : du
puits : mais : au : lieu : du : grain : qu'il
cher-chait, : il : n'y : trou-va : que : la
mort : qu'il : eût : é-vi-tée : s'il : eût
sui-vi : les : con-seils : de : sa : mè-re.

ORAISON DOMINICALE.

No-tre : Pè-re : qui : ê-tes : aux : Ci-eux : que : vo-tre : nom : soit : sanc-ti-fié que : vo-tre : Ro-yau-me nous : ar-ri-ve : que : vo-tre : vo-lon-té : soit : fai-te : en : la : ter-re com-me : au : Ciel : Don-nez : nous au-jour-d'hui : no-tre : pain : quo-ti-dien : et : par-don-nez-nous : nos : of-fen-ses : com-me : nous : par-don-nons à : ceux : qui : nous : ont : of-fen-sés et : ne : nous : lais-sez : pas : suc-com-ber : à : la : ten-ta-tion : mais : dé-li-vrez : nous : du mal : Ain-si : soit-il.

La : Sa-lu-ta-tion : An-gé-li-que.

JE : vous : sa-lue : Ma-rie : plei-ne de : grâ-ce · le : Sei-gneur : est : a-vec vous : vous : ê-tes : bé-nie : en-tre : tou-tes : les : fem-mes : et : Jé-sus : le : fruit de : vo-tre : ven-tre : est : bé-ni. Sain-te Ma-rie : Mè-re : de : Dieu : pri-ez : pour nous : pau-vres : pé-cheurs : mainte-nant : et : à : l'heu-re : de : no-tre : mort. Ain-si : soit-il.

Le : Sym-bo-le : des : A-pô-tres.

JE : crois : en : Dieu : le : Pè-re : tout puis-sant : cré-a-teur : du : Ciel : et : de la : ter-re : et : en : Jé-sus-Christ : son Fils : u-ni-que : No-tre : Sei-gneur : qui a : é-té : con-çu : du : Saint : Es-prit

est né de la Vier-ge Ma-rie a souf-
fert sous Pon-ce Pilate a é-té
cru-ci-fié est mort et a é-té en-
se-ve-li qui est des-cen-du aux
en-fers et le troi-si-è-me jour est
res-sus-ci-té d'en-tre les morts est
mon-té aux Cieux est as-sis à
la droi-te de Dieu le Pè-re tout-
puis-sant d'où il vien-dra ju-ger
les vi-vans et les morts.

Je crois au Saint-Es-prit la sain-
te E-gli-se ca-tho-li-que la com-mu-
nion des Saints la ré-mis-sion des
pé-chés la ré-sur-rec-tion de la
chair la vie é-ter-nel-le. Ain-si soit-il.

La con-fes-sion des pé-chés.

JE me con-fes-se à Dieu Tout-
Puis-sant à la bien-heu-reu-se Ma-
rie tou-jours Vier-ge à saint Mi-
chel Ar-chan-ge à saint Jean-Bap-
tis-te aux A-pô-tres saint Pier-re et
saint Paul à tous les Saints par-
ce que j'ai pé-ché par pen-sée par
pa-ro-les et en œu-vre par ma fau-
te par ma fau-te par ma très-gran-de

fau-te : C'est : pour-quoi : je : prie
la : bien-heu-reu-se : Ma-rie : tou-jours
Vier-ge : Saint : Mi-chel : Ar-chan-ge
saint Jean Bap-tis-te : les : a-pô-tres : saint
Pier-re : et : saint : Paul : et : tous : les
Saints : de : pri-er : pour : moi : en-vers
le : Sei-gneur : no-tre : Dieu : Ain-si : soit-il.

QUE : le : Dieu : Tout-Puis-sant : nous
fas-se : mi-sé-ri-cor-de : qu'il : nous
par-don-ne : nos : pé-chés : et : nous
con-dui-se : à : la : vie : é-ter-nel-le.
Ain-si : soit-il.

QUE : le : Sei-gneur : Tout-Puis-sant
et : mi-sé-ri-cor-dieux : nous : donne : in-dul-gen-ce : ab-so-lu-tion : et
ré-mis-sion : de : tous : nos : pé-chés.
Ain-si : soit-il.

La : Bé-né-dic-tion : de : la : Ta-ble.

BÉ-NIS-SEZ : (ce : se-ra : le : Sei-gneur)
que : la : droi-te : de : Jé-sus-Christ
nous : bé-nis-se : a-vec : tou-tes : les
cho-ses : que : nous : de-vons : pren-dre
pour : no-tre : ré-fec-tion : Au : nom
du : Pè-re : et : du : Fils : et : du :
Saint-Es-prit : Ain-si : soit-il.

Ac-tions : de : grâ-ces : a-près : le : Re-pas.

O Roi : ô : Dieu : Tout-Puis-sant
nous : vous : ren-dons : grâ-ces
pour : tous : vos : bien-faits : qui : vivez : et : ré-gnez : par : tous : les : siè-
cles : des : siè-cles : Ain-si : soit-il.

Les : dix : Com man-de-ments : de : Dieu.

1. Un : seul : Dieu : tu : a-do-re-ras
Et : ai-me-ras : par-fai-te-ment

2. Dieu : en : vain : tu : ne : ju-re-ras
Ni : au-tre : cho-se : pa-reil-le-ment

3. Les : Di-man-ches : tu : gar-de-ras
En : ser-vant : Dieu : dé-vo-te-ment

4. Pè-re : et : mè-re : ho-no-re-ras
Afin : que : tu : vi-ves : lon-gue-ment

5. Ho-mi-ci-de : ne : com-met-tras
De fait : ni : vo-lon-tai-re-ment.

6. Lu-xu-rieux : point : ne : se-ras
De : corps : ni : de : con-sen-te-ment.

7. Le : bi-en : d'au-trui : ne : pren-dras
Ni : re-tien-dras : à : ton : es-cient.

8. Faux : té-moi-gna-ge : ne : di-ras
Ni : men-ti-ras : au-cu-ne-ment.

9. L'œu-vre : de : chair : ne : dé-si-re-ras
Qu'en : ma-ri-a-ge : seu-le-ment.

10. Bien : d'au-trui : ne : con-voi-te-ras
Pour : l'a-voir : in-jus-te-ment.

Les : Com-man-de-ments : de : l'E-gli-se:

LES: Di-man-ches: la: Mes-se: ou-i-
ras: Et: les Fê-tes: pa-reil-le-ment.

2. Les : Fê-tes: tu : sanc-ti-fie-ras
   Qui: te: sont: de: com-man-de-ment.

3. Tous : tes: pé-chés: con-fes-se-ras
   A: tout: le: moins: u-ne: fois: l'an.

4. Ton : Cré-a-teur : tu : re-ce-vras
   Au: moins: à: Pâ-ques: hum-ble-ment

5. Qua-tre: temps: vi-gi-les: jeû-ne-ras
   Et : le : ca-rê-me: en-tiè-re-ment.

6. Ven-dre-di : chair: ne: man-ge-ras
   Ni : le : Sa-me-di : mê-me-ment.

LES PSAUMES PÉNITENTIAUX.

PSAUME 6.

SEI-GNEUR : ne : me : re-pré-nez
point : dans : vo-tre : fu-reur : et
ne : me: cor-ri-gez : point : dans : le
fort : de : vo-tre : co-lè-re.

A-yez : pi-tié : de : moi: Sei-gneur
puis-que: je: suis: fai-ble: Sei gneur
gué-ris-sez : moi: car : le : mal : qui
me : ron-ge : a : pas-sé : dans : mes

os : qui : en : sont : tout : é-bran-lés.

Mon : a-me : est : a-bat-tue : de tris-tes-se : mais : vous : Sei-gneur jus-ques : à : quand : dif-fé-re-rez-vous : ma : gué-ri-son.

Tour-nez : vos : yeux : sur : moi Sei-gneur : et : sau-vez : mon : a-me de : tous : dan-gers : dé-li-vrez-moi par : vo-tre : gran-de : bon-té : et mi-sé-ri-cor-de.

Car : on : ne : se : sou-vient : point de : vous : par-mi : les : morts : et : qui se-ra : ca-pa-ble : de : cé-lé-brer : vos lou-an-ges : dans : les : en-fers.

Je : me : suis : tour-men-té : jus-ques : à : ce : point : dans : mes : gé-mis-se-ments : que : tou-tes : les : nuits mon : lit : est : bai-gné : et : ma : cou-che : est : ar-ro-sée : de : mes : lar-mes.

Les : dou-leurs : m'ont : fait : pleu-rer : si : a-mè-re-ment : que : j'en perds : les : yeux : je : me : suis : vieil-li par : le : cha-grin : de : voir : mes : en-ne-mis : se : ri-re : de : mon : tour-ment.

Mais : re-ti-rez-vous : de : moi vous : qui : per-sis-tez : tou-jours

dans : vo-tre : mé-chan-ce-té : car
Dieu : a : en-ten-du : fa-vo-ra-ble-
ment : la : voix : de : mes : pleurs.

Le : Sei-gneur : a : e-xau-cé : ma
pri-è-re : le : Sei-gneur : a : re-çu
mon : o-rai-son.

Que : tous : mes : en-ne-mis : en
rou-gis-sent : de : hon-te : et : soient
at-teints : d'u-ne : a-gi-ta-tion : vio-
len-te : qu'ils : s'en : re-tour-nent : cou-
verts : de : con-fu-sion : et : de : honte.

Gloi-re : soit : au : Pè-re : etc.

Psaume 31.

BIEN-HEU-REUX : sont : ceux : à : qui
les : i-ni-qui-tés : sont : par-don-nées
et : dont : les : pé-chés : sont : cou-verts.

Bien-heu-reux : est : l'hom-me : à
qui : Dieu : n'im-pu-te : point : sa
fau-te : a-près : l'a-voir : com-mi-se
et : qui : n'a : point : de : dé-gui-se-
ment : dans : son : es-prit.

Par-ce : que : j'ai : gar-dé : mon
mal : se-crè-te-ment : mes : os : com-
me : en-vi-eil-lis : ont : per-du : leur
for-ce : par-mi : les : cris : que : j'ai : je-tés

Vo-tre : main : s'est : ap-pe-san-tie

sur : moi : tant : que : le : jour : et
la nuit : ont : du-ré : la : dou-leur
qui : me : con-su-me : m'a : des-sé-
ché , com-me : l'her-be : du-rant : les
cha-leurs : de : l'é-té.

C'est : pour-quoi : je : vous : ai
li-bre-ment : dé-cla ré : mon : of-fen-
se : et : je : ne : vous : ai : point : te-
nu : mon : i-ni-qui-té : ca-chée.

Dès : que : j'ai : dit : il faut : que
je : con-fes-se : con-tre : moi · mê-me
mon : pé-ché : au : Sei-gneur : vous
a-vez : re-mis : l'im-pi-é-té : de : ma : fau-te

Ce : qui : ser-vi-ra : d'un : e-xem-ple
mé-mo-ra-ble : à : tous : les : jus-tes
pour : vous : a-dres-ser : leurs : pri-è-
res : en temps : de : mi-sé-ri-cor-de.

Et : cer-tes : quand : un : dé-lu ge
de : maux : i-non-de-rait : tou-te : la
ter-re : ils : n'en : pour-raient : ê-tre
au-cu-ne-ment : tou-chés.

Vous : ê-tes : mon : a-si-le : con-
tre : tou-tes : les : ad-ver-si-tés : qui
m'en-vi-ron-nent : vous : qui : ê-tes
ma : joie : dé-li-vrez : moi : des : en-
ne-mis : dont : je : suis : as-sié-gé.

Je : vous : don-ne-rai : un : es-prit clair-vo-yant : et : vous : en-sei-gne-rai le : che-min : que : vous : de-vez : sui-vre : j'au-rai : tou-jours : l'œil : sur vous.

Tou-te : fois : ne : de-vé-nez : pas sem-bla-ble : au : che-val : et : au : mu-let : qui : n'ont : point : d'en-ten-de-ment.

Vous : leur : don-ne-rez : le : mors : et la : bri-de : pour : les : em-pê-cher : de mor-dre : et de : ru-er : con-tre : vous.

Plu-sieurs : ma-lé-dic-tions : se ré-pan-dront : sur : les : pé-cheurs mais : la : mi-sé-ri-cor-de : se-ra : le par-ta-ge : de ceux : qui : met-tent leur : es-pé-ran-ce : au : Sei-gneur.

Ré-jou-is-sez : vous : donc : au : Sei-gneur : hom-mes : jus-tes : et : vous tous : qui : ê-tes : nets : de : cœur so-yez : trans-por-tés : de : joie.

Gloi-re : soit : au : Pè-re : etc.

PSAUME 37.

SEI-GNEUR : ne : me : re-pre-nez pas : dans : vo-tre : fu-reur : et ne : me : cor-ri-gez : pas : dans : le fort : de : vo-tre : co-lè-re.

J'ai : dé-jà : sen-ti : les : traits : pi-
quans : de : vo-tre : in-di-gna-tion
que : vous : a-vez : dé-co-chés : con-
tre : moi : et : sur : qui : vous : a-vez
ap-pe-san-ti : vo-tre : main.

Ma : chair : tou-te : cou-ver-te
d'ul-cè-res : é-prou-ve : bien : les
ef-fets : de : vo-tre : co-lè-re : et : à
cau-se : de : mes : pé-chés : mes : os
ne : re-çoi-vent : au-cun : re-pos.

Car : il : est : vrai : que : mes : i-ni-
qui-tés : me : noient : et : se : sont
é-le-vées : par-des-sus : ma : tê-te
el-les : m'ac-ca-blent : sous : leur : faix.

Mes : ci-ca-tri-ces : se : sont : en-
vieil-lies : et : ont : dé-gé-né-ré : par
ma : fo-lie : en : u-ne : cor-rup-tion
sans : re-mè-de.

E-tant : ain-si : de-ve-nu : mi-sé-
ra-ble : et : cour-bé : sous : les : en-
nuis : je : che-mi-ne : tout : le : jour
a-vec : u-ne : gran-de : tris-tes-se.

Mes : reins : pleins : d'u-ne : ar-
deur : ex-ces-si-ve : me : cau-sent
d'é-tran-ges : il-lu-sions : et : je

n'ai : au-cu-ne : par-tie : de : mon corps · où : je : ne : souf-fre.

Je : suis : si : fort : af-fli-gé : et : a-bais-sé : qu'au : lieu : de : plain-tes mon : cœur : n'ex-pri-me : sa : dou-leur : que : par : des : hur-le-mens.

Sei-gneur : vo-yez : tou-tes : mes in-ten-tions : mes : pleurs : ni : mes gé-mis-se-ments : ne : vous : sont point : ca-chés.

Mon : cou-ra-ge : s'é-ton-ne : je n'ai : plus : de : for-ce : ni : de : vi-gueur : et : mes : yeux : qui : sont a-veu-glés : de : mes : lar-mes : n'a-per-çoi-vent : plus : la : clarté.

Mes : a-mis : et : mes : pro-ches se : sont : é-loi-gnés : de : moi : me vo-yant : ré-duit : en : ce : pi-teux : é-tat.

Mes : voi-sins : s'en : sont : re-ti-rés : aus-si : et : ceux : qui : cher-chent : à : m'ô-ter : la : vie : y : em-ploi-ent : des : vio-len-ces.

Ils : n'é-pient : que : les : oc-ca-si-ons : de : me : nui-re : et : ti-en-nent : de : mau-vais : dis-cours : de moi : ils : pas-sent : les : jours : à cher-cher : ma : rui-ne.

Né-an-moins : com-me : si : j'eus-se : é-té : sourd : je : ne : les : ai : point é-cou-tés : com-me : si : j'eus-se : é-té mu-et : je : n'ai : ou-vert : la : bou-che : pour : leur : ré-pon-dre.

J'ai : bou-ché : mes : o-reil-les : à tous : leurs : ré-pro-ches : et : ma lan-gue : n'a : eu : que : la : pei-ne de : re-pous-ser : leurs : in-ju-res.

Par-ce : qu'en : vous : Sei-gneur j'ai : mis : tou-te : mon : es-pé-ran-ce Sei-gneur : mon : Dieu : vous : e-xau-ce-rez : s'il : vous : plaît : ma : pri-è-re.

Je : vous : prie : que : mes : en-ne-mis : ne : se : glo-ri-fient : de : mes mi-sè-res : dès : que : je : fais : un faux : pas : ils : se : dres-sent : con-tre : moi : pour : me : fai-re : tom-ber.

Je : suis : pour-tant : dis-po-sé : à souf-frir : tou-jours : la : per-sé-cu-ti-on : et : la : dou-leur : que : j'ai mé-ri-té-e : se : pré-sen-te : con-ti-nu-el-le-ment : à : mes : yeux.

Car : j'a-voue : que : j'ai : com-mis de : gran-des : i-ni-qui-tés : et : je

ne : pro-po-se : à : ma : pen-sée : jour
et : nuit : que : l'ob-jet : de : mon : cri-me.

Ce-pen-dant : mes : en-ne-mis : vi-
vent : con-tents : ils : se : for-ti-fient
con-tre : moi : et : leur : nom-bre
aug-men-te : tous : les : jours.

Ceux : qui : ren-dent : le : mal
pour : le : bien : m'ont : é-té : con-
trai-res : par-ce : que : j'ai-me : la
paix : et : la : dou-leur.

Sei-gneur : ne : m'a-ban-don-nez
point : dans : ces : pé-rils : mon : Dieu
ne : vous : é-loi-gnez : point : de : moi.

Ve-nez : promp-te-ment : à : mon
se-cours : mon : Sei-gneur : et : mon
Dieu : puis-que : vous : ê-tes : mon : sa-lut.

Gloi-re : soit : au : Pè-re : etc.

Psaume 50

Mon : Dieu : a-yez : pi-tié : de
moi : se-lon : vo-tre : gran-de
mi-sé-ri-cor-de.

Et : se-lon : la : mul-ti-tu-de : de
vos : bon-tés : ef-fa-cez : mon : ini-qui-té.

Ver-sez : a-bon-dam-ment : sur
moi : de : quoi : me : la-ver : de : mes

fau-tes : net-to-yez-moi : de : mon pé-ché.

Je : re-con-nais : mes : of-fen-ses : et mon : cri-me : est : tou-jours : con-tre moi.

Con-tre : vous : seul : j'ai : pé-ché et : j'ai : com-mis : de-vant : vos : yeux tout : le : mal : dont : je : me : sens cou-pa-ble : so-yez : re-con-nu : vé-ri-ta-ble : en : vos : pro-mes-ses : de-meu-rez : vic-to-rieux : quand : vous pro-non-ce-rez : vos : ju-ge-mens.

J'ai : é-té : souil-lé : de : vi-ces : dès l'ins-tant : de : ma : for-ma-tion : et ma : mè-re : m'a : con-çu : en : pé-ché.

Mais : pour-tant : com-me : vous a-vez : tou-jours : ai-mé : la : vé-ri-té aus-si : vous : a-t-il : plu : de : me ré-vé-ler : les : mys-tè-res : se-crets de : vo-tre : di-vi-ne : sa-ges-se.

Ar-ro-sez-moi : de : l'hy-so-pe et : je : se-rai : net-toyé : la-vez-moi et : je : de-vien-drai : plus : blanc que : n'est : la : nei-ge.

Gloi-re : soit : au : Pè-re : etc.

PETITES LEÇONS INSTRUCTIVES.

L'hom-me : a : deux : mains : l'u-ne
qu'on : ap-pel-le : la : main : gau-che
l'au-tre : la : droi-te : à : cha-que : main
il : y : a : cinq : doigts : le : plus : gros : de
ces : doigts : s'ap-pel-le : le : pou-ce.

Au : bout : de : cha-que : doigt : de : la
main : est : un : on-gle : au : des-sus : de
cha-que : main : est : un : bras : au : des-
sus : de : cha-que : bras : est : u-ne : é-pau-
le : qui : se : joint : à : no-tre : corps.

L'hom-me : a : aus-si : deux : pieds
à : cha-que : pied : il : y : a : cinq : doigts
le : plus : gros : de : ces : doigts : s'ap-
pel-le : l'or-teil : au-des-sus : de : cha-que
pied : est : u-ne : jam-be : au : des-sus
est : la : cuis-se : qui : u-nit : la : jam-
be : au : corps.

Les : che-vaux : les : bœufs : et : tout
ceux : qu'on : ap-pel-le : qua-dru-pè-des
ont : qua-tre : jam-bes.

Les : oi-seaux : n'ont : que : deux
pat-tes : qui : sont : ar-mées : de : grif-fes
pour : qu'ils : puis-sent : s'ac-cro-cher
aux : bran-ches : des : ar-bres. : Les

deux : au-tres : jam-bes : sont : rem-pla-cées : par : des : ai-les : qui : les : font : vo-ler : bien : haut : dans : l'air.

Les : oi-seaux : n'ont : pas : de : dents : ils : ont : un : bec : qui : leur : sert : pour : fouil-ler : la : ter-re : et : y : cher-cher : leur : nour-ri-tu-re.

Les : pois-sons : n'ont : ni : bras : ni : jam-bes : ils : ont : de : pe-ti-tes : ai-les : qu'on : ap-pel-le : na-geoi-res : et : qui : leur : ser-vent : pour : na-ger : dans : l'eau : com-me : les : oi-seaux : vo-lent : dans : l'air : Il : y : a : des : pois-sons : pres-que : aus-si : gros : qu'u-ne : mai-son : et : d'au-tres : aus-si : pe-tits : qu'u-ne : mou-che.

Les : ser-pens : les : vers : n'ont : ni : bras : ni : jam-bes : ni : ai-les : ni : na-geoi-res : ils : ram-pent : ils : se : traî-nent : sur : la : ter-re : en : se : tor-til-lant : le : fai-ble : li-ma-çon : lui : ne : sait : que : ram-per : mais : il : em-por-te : a-vec : lui : sa : co-quil-le : qui : lui : sert : de : mai-son : Re-ti-ré : au : fond : de : sa : de-meu-re : et : col-lé : con-tre : un : ar-bre : ou : con-tre : un : mur : il : est : à : l'a-bri : de : tous : cô-tés.

La : se-mai-ne : se : com-po-se : de
sept : jours : qui : sont . di-man-che
lun-di : , mar-di : mer-cre-di : jeu-di
ven-dre-di: sa-me-di: ces: sept : jours
font : u-ne : se mai-ne.

Tren-te: jours font un mois: dou-ze
mois : font : u-ne : an-née . voi-ci : les
noms des: dou-ze: mois: jan-vier: fé-
vrier: mars: a-vril: mai: juin: juil-let
a-oût: sep-tem-bre: oc-to-bre: no-vem-
bre: et : dé-cem-bre.

Le : pain : se : fait : a-vec : de : la
fa-ri-ne: la : fa-ri-ne : se : fait : a-vec
du : blé.

Le: blé: pous-se: des: ra-ci-nes: les
ra-ci-nes: por-tent: u-ne: ti-ge: cet-te
ti-ge : pro-duit : un : é-pi: cet : é-pi
ren-fer-me : des : grains : de : blé.

Le-vez : la : tê-te : vous : ver-rez
lui-re : le : so-leil.

C'est: Dieu: qui : a : fait: le: so-leil
Dieu : a : fait : tout : ce : que : nous
vo-yons : il : est : maître : de : tout
il: sait: tout.

Pour : plai-re : à : Dieu : l'en-fant
doit: o-béir: à : ses : pa-rens: et: s'ap-
pli-quer : à : bien : li-re.

1. L'Ane.—2. Le Bison.—3. Le Bouc.— 4. Le Chien et le Chat.— 5. Le Bélier.— 6. Le Chat.

LEÇONS D'HISTOIRE NATURELLE.

1. L'ANE.

Compagnon assidu du pauvre villageois, il partage ses travaux, sert au moulin de monture. Il n'est pas délicat. L'Ane est l'objet du mépris; il est borné. entêté, indocile. L'enfant qui n'étudie pas est appelé un *Ane*.

2. LE BISON.

Le Bison est le Bœuf de l'Amérique dont l'usage est le même que nos Bœufs. le Bonasus, le Buffle, l'Aurochs, le Zébu.

3. LE BOUC.

Le Bouc se nourrit de feuilles d'arbres qu'il sait choisir. Il a une odeur très-forte; sa chair est dure; sa tête est garnie de deux cornes : la Chèvre est sa femelle.

4. LE CHIEN et LE CHAT.

Voyez comme ces deux animaux sont courroucés; ils finiront cependant par faire la paix et à vivre en bonne intelligence.

5. LE BÉLIER.

Dans un troupeau de Moutons, le Bélier en est le général; il marche en tête, et paraît fier et orgueilleux de commander.

6. LE CHAT.

Le Chat est d'un caractère tout opposé au Chien. Chez lui tout est perfidie et fausseté. C'est un ennemi domestique avec lequel on vit, pour l'opposer à un autre ennemi, le Rat et la Souris.

AUTRUCHE.
CERF.
CHEVAL.

L'AUTRUCHE.

L'Autruche est un animal à plumages, qui n'a de remarquable que la longueur de son cou. Elle avale les cailloux, le fer, le verre, le cuivre ayant du vert-de-gris.

LE CERF.

Le Cerf est un de ces animaux innocens, doux et tranquilles, tels que le Daim, le Chevreuil, qui ne semblent être faits que pour aimer la solitude des forêts. Sa forme élégante et légère, sa taille aussi svelte que bien prise, ses membres flexibles et nerveux, sa tête parée plutôt qu'armée d'un bois qui se renouvelle tous les ans, sa grandeur, sa légèreté, le distinguent sur tous les autres habitans des bois. Sa femelle, la Biche, encore plus jolie et plus légère que lui, fait l'admiration de tous ceux qui la voient. Leur petit s'appelle Faon ; il est si timide, c'est l'innocence et la candeur de la jeunesse.

LE CHEVAL.

C'est celui de tous les animaux qui, avec une taille bien prise et majestueuse, a le plus de proportion et d'élégance dans les parties du corps : en comparant les animaux qui sont au-dessus et au-dessous du Cheval, on voit que l'Ane est mal fait, que le Lion a la tête trop grosse, que le Chameau est difforme, et que les plus gros animaux, le Rhinocéros et l'Eléphant, ne sont, pour ainsi dire, que des masses informes.

COQ.
CYGNE.
CHAMEAU.

LE COQ.

Le Coq est un animal de basse-cour, imposant par sa démarche et sa fierté; il est continuellement en surveillance au milieu de ses Poules. C'est le réveille-matin du laboureur. Il est le symbole de la vigilance.

LE CYGNE.

Le Cygne est d'une blancheur éclatante, et son bec est d'un beau noir. Il fait l'ornement de nos bassins et de nos canaux, où il se promène majestueusement en allongeant et retirant son cou, qui forme de longs replis. Le Cygne vit long-temps.

LE CHAMEAU.

Ce quadrupède diffère du Dromadaire, en ce que celui-ci a deux bosses sur le dos, tandis que le Chameau n'en a qu'une; il est précieux pour traverser les déserts. Son estomac est composé de cinq poches qui lui donnent la facilité de marcher plusieurs jours sans boire ni manger. Il fait douze lieues par jour, et porte environ un millier : il se couche pour recevoir sa charge, et ne se relève que lorsqu'il a reçu son fardeau. Sans le secours de cet animal, aussi sobre qu'il est vigoureux, il eût été impossible aux voyageurs de traverser ces sables brûlans de l'Afrique. Ah ! dans sa profonde sagesse, Dieu a créé des animaux de différentes espèces et en divers pays, pour être utiles à l'homme et lui aider.

CIGOGNE. 
ÉLÉPHANT. 
FOURMILLIER. 
GIRAFFE 
CHIEN.

LA CIGOGNE.

La Cigogne, à peu près de la grosseur de l'Oie, a son plumage blanc, excepté la queue et les ailes qui ont un peu de noir; elle a les jambes et le bec très-longs, et habite le haut des arbres, des clochers et des vieilles tours.

L'ÉLÉPHANT.

C'est le plus gros de tous les quadrupèdes. Sa tête est très-grosse, ses oreilles sont longues, larges et épaisses. Son nez, qu'on appelle *trompe*, est une espèce de tuyau flexible, dont il se sert pour manger, boire et faire des tours d'adresse. L'ivoire se tire de ses dents. L'Eléphant est doux et obéissant

LE FOURMILLIER.

Ce petit animal, extrêmement facile à s'allonger, se précipite dans un essaim de fourmis, qu'il met en déroute et qu'il mange.

LA GIRAFFE.

La Giraffe se trouve dans l'Afrique et l'Inde: c'est un animal fort beau et très-doux, mais qui ne peut nous être utile. Il est trois fois plus haut que le Cheval; mais la longeur du cou en fait presque la moitié. Il a les jambes de devant extraordinairement longues, et cette longueur le facilite pour manger les feuilles des plus hauts arbres dont il se nourrit, ainsi que de l'herbe.

LE CHIEN.

C'est l'ami, le gardien de l'homme. S'il est frappé par son maître il ne se rebute pas, et, par sa patience, sa docilité et ses caresses, il parvient à désarmer la main qui le frappe.

HIBOU.
HIPPOPO-
TAME.
HUPPE.

LE HIBOU.

Cet animal, appelé encore *Moyen Duc*, ne sort que la nuit; il habite les mazures, les tours et les clochers; il est laid et désagréable dans son cri. En le voyant on est dégoûté de son aspect, qui inspire la frayeur. Ses yeux sont très-perçants.

L'HIPPOPOTAME.

Ce gros quadrupède habite près des fleuves de l'Afrique; la grosseur de son corps pourrait le rendre redoutable aux autres animaux, mais il est naturellement doux; il se plaît dans l'eau aussi bien que sur la terre : il s'y plonge et reste long-temps à reparaître sur la surface de l'eau; il nage très-vîte et chasse les poissons dont il fait sa principale nourriture. Sa peau est très-épaisse, dure et impénétrable. Sa chair est bonne au goût et saine : le pied rôti est surtout un morceau délicat, sa graisse est un remède estimé des habitans des côtes de la baie de Sainte-Hélène, où il y a beaucoup de ces animaux.

LA HUPPE.

La Huppe, ou autrement Pic-Vert, est un oiseau remarquable par la haute crête de plumage qui est sur sa tête. La longueur de son bec lui est favorable pour percer et creuser des arbres, et pour dénicher les insectes, dont il fait sa proie.

IBET.

JAGUAR.

KABASSOU.

LION.

LE IBET.

L'Ibet, appelée aussi Genette, est un animal un peu plus gros que la Fouine, à qui elle ressemble par la forme du corps ; elle a beaucoup d'analogie avec la Civette ; comme cette dernière, elle a sous sa queue une ouverture ou sac, dans lequel se filtre une espèce de parfum dont l'odeur s'affaiblit.

LE JAGUAR.

Le Jaguar, originaire de l'Amérique, ressemble, par sa taille et sa grosseur, à un Dogue. Sa peau est tachetée comme celle du Tigre : il est carnassier et féroce.

LE KABASSOU.

Originaire d'Amérique, le Kabassou ressemble assez à la Belette ; il a cinq doigts à chacun de ses pieds ; au lieu de poil, il est couvert comme la Tortue d'une croûte dure.

LE LION.

Le Lion, surnommé le roi des animaux, est le plus fort et le plus terrible de tous. Il vient de l'Asie et de l'Afrique. Il est remarquable par une longue crinière qui lui ombrage la tête et le cou, et par une queue longue d'environ un mètre, dont il se sert pour terrasser sa proie. Chacune de ses mâchoires est garnie de quatorze dents, et ses pieds sont armés de griffes. Sa plus grande taille est d'environ trois mètres de longueur sur un de hauteur. Sa femelle, bien plus petite, ne porte point de crinière.

LOUP.

MULET.

NILGAUT.

OURS.

LE LOUP.

Le Loup serait redoutable s'il avait autant de courage que de force; mais il faut que la faim le presse pour qu'il s'expose au danger. Cet animal vit de chasse et de rapine; comme il est lourd et poltron, la plupart des animaux qu'il poursuit lui échappent. Le besoin seul lui inspire des ruses.

LE MULET.

Le Mulet provient de l'Ane et de la Jument, et le Bardot provient du Cheval et de l'Anesse. Le Bardot est plus petit que le Mulet. L'enfant qui n'est par obéissant est qualifié de *Mulet*, et on dénomme du nom *d'Ane* et *d'Anesse* celui qui ne s'applique pas à ses devoirs, à ses leçons.

LE NILGAUT.

Originaire des climats chauds, le Nilgaut est de la taille d'environ un mètre. Sans être agile comme le Cerf, il lui ressemble beaucoup. Il est doux, quoique très vif, et même familier. Il mange de l'avoine et de préférence de l'herbe fraîche. Son suif est excellent, et son cuir précieux.

L'OURS.

Ce vilain animal est carnassier. Il se retire dans les cavernes et dans les arbres creux. En l'apprivoisant on lui apprend à se tenir debout, à gesticuler et à danser.

QUINQUAJOU.

RINGOLIN.

RHINOCEROS.

LE PAON.

Le Paon se fait admirer par l'éclat de son plumage, qui ressemble à un grand nombre de pierres précieuses de plusieurs couleurs. Lorsqu'il voit les yeux tournés sur lui, il s'enfle d'orgueil; alors il étale avec pompe, en forme d'éventail, les belles plumes d'or et d'azur de sa queue. Il cesse d'être beau et gracieux dès qu'on l'entend. Il ne suffit pas d'être joli, il faut être aimable.

LE QUINQUAJOU.

Ce quadrupède se trouve en Amérique, il est de la grosseur d'un gros chat ; il porte des griffes et une queue qui fait deux ou trois tours sur son dos. Il monte très-légèrement sur les arbres et plonge dans l'eau.

-LE RINGOLIN.

Le Ringolin habite l'Amérique et il se tient auprès des rivières. Il est couvert d'une écaille très-dure, et il a des griffes à ses pattes. Il n'est pas connu dans nos contrées.

LE RHINOCÉROS.

Le Rhinocéros a au moins trois mètres de long sur deux de hauteur. Il a sur son nez une corne très-dure, qui lui sert de défense; sa peau est comme une cuirasse, impénétrable aux griffes des animaux et au fer du chasseur, sa couleur est noirâtre ; on croit qu'il vit cent ans.

SANGLIER.

TIGRE.

URSIN

VACHE.

LE SANGLIER.

On appelle Sanglier le cochon qui habite les forêts , et qui par là est devenu sauvage. Sa femelle se nomme Laie. Il diffère du cochon et de la truie , en ce qu'il est cruel, qu'il attaque l'homme et les troupeaux. D'effroyables dents garnissent ses mâchoires, et sont dangereuses.

LE TIGRE.

Le Tigre n'est pas aussi fort que le Lion, mais il est plus à craindre , parce qu'il est plus féroce. Rassasié ou à jeun , il n'épargne rien , ne quitte sa proie que pour en dévorer une autre. Le Tigre ordinaire est de la taille d'un grand Lévrier : tous ses mouvemens sont vifs et agiles. Il a la tête semblable au chat , et peut , come lui , retirer et cacher les ongles dont ses pieds sont armés.

L'URSIN.

L'Ursin est de la famille du Porc-épic , du Cœndou , du Tandrac , du Hérisson ; comme eux il redresse sa robe épineuse et présente un rempart de pointes meurtrières et piquantes à celui qui veut l'attaquer.

LA VACHE.

Animal le plus précieux que la nature ait donné à l'homme, à qui il fournit une nourriture saine et rafraîchissante par son lait et sa viande. Enfants , imitez la Vache par sa soumission et sa docilité.

XÉ.
YARQUE.
ZÈBRE.
BŒUF

LE XÉ.

Le Xé, autrement dit le Musc, est de la grandeur d'un chevreuil, il a sous son ventre une espèce de poche ou vessie, pleine d'un amas de sang, qui devient d'une odeur exquise et flatte agréablement l'odorat.

L'YARQUE.

L'Yarque est une sorte de singe assez joli, qui ne le cède en rien par son adresse à aucun animal de son espèce. Il marche sur les pattes de derrière, se sert de celles de devant comme de deux mains, fait mille grimaces et mille contorsions qui, jointes à ses gestes ridicules et extravagans, donnent le spectacle de la pantomime.

LE ZÈBRE.

Le Zèbre est un fort bel animal qui serait très-utile à l'homme si on pouvait parvenir à l'apprivoiser. On le trouve en Afrique. Il tient le milieu entre le cheval et l'âne; mais quoique d'un air beaucoup plus noble, il ressemble davantage au dernier pour la forme. La peau seule met une grande différence entre eux. Il joint à l'élégance de la taille et à la beauté de sa robe, une légèreté qu'on ne peut se lasser d'admirer.

LE BŒUF.

C'est l'animal le plus précieux pour la campagne. Il supporte le travail avec patience, la chaleur, le froid, les sueurs et la fatigue de l'homme.

MORCEAUX DE LECTURE
SUR LES ARTS.

L'Agriculture.

L'Agriculture enseigne aux hommes à faire produire à la terre les grains, les fruits, les fleurs et les légumes. C'est aussi par ses soins que nous avons les arbres assez forts pour construire des maisons.

La Jurisprudence.

La Jurisprudence renferme tout ce qui sert à rendre la justice selon les lois. L'étude de cette science est ce qu'on appelle l'étude du droit. Un Juge l'apprend pour punir les criminels. Un Avocat et un Avoué l'apprennent pour aider de leurs conseils, et pour faire valoir les raisons de ceux qui plaident.

De l'Architecture et de la Géométrie.

Ces deux Sciences embrassent la connaissance de bâtir solidement des Maisons, des Palais, des Eglises. Le bon géomètre mesure et divise, par des règles certaines, tout ce qui se présente à la vue.

On compte cinq ordres d'Architecture, savoir : le Toscan, le Dorique, l'Ionique le Corinthien et le Composite.

De l'Artillerie.

On ne saurait s'emparer d'une place forte sans le secours du canon, des bombes, des grenades et des autres machines de guerre qui sont en usage pour détruire les remparts, et brûler les villes qui font résistance.

La Marine.

On fait la guerre sur mer presque aussi souvent que sur terre. Plusieurs vaisseaux, qu'on appelle une flotte, quand ils marchent ensemble, sont chargés de soldats et d'artillerie pour combattre une flotte ennemie. Il y a des vaisseaux qui ne servent qu'à transporter des marchandises, ce sont les vaisseaux marchands, et les bateaux à vapeur.

L'Astronomie.

Les Astres ont une grandeur déterminée, dont les Astronomes rendent un compte exact; et ils connaissent si bien la distance et le cours de ces Astres, qu'ils annoncent une éclipse qui ne doit paraître que dans cent ans, dans mille ans.

La Chimie.

Les trois règnes de l'histoire naturelle font l'occupation de la Chimie. Elle distille les plantes, pour en séparer le pur et l'impur; elle travaille les métaux pour les rendre plus parfaits. Différentes parties des animaux sont aussi mises en œuvre par les Chimistes. Les opérations qui ne tendent qu'à la composition des médicamens appartiennent à la Pharmacie, qu'on appelle aussi Apothicairerie et Pharmacopée.

Le Dessin.

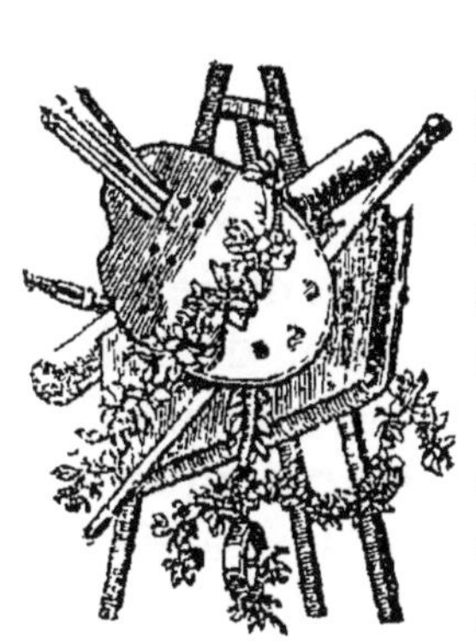

Nous connaissons peu d'arts qui puissent se passer du Dessin. Tracer au crayon la vue d'une campagne, une figure, la façade d'une maison, d'un jardin, les fleurs d'une étoffe, est ce qu'on appelle dessiner.

Il y a des Dessinateurs qui ne travaillent que pour l'architecture, les uns pour le paysage, les autres pour l'ornement.

L'Imprimerie.

Ce bel art, qui civilise le monde entier, fut découvert en 1450, à Mayence, par Guttemberg, dont le nom célèbre a passé à la postérité.

L'Etude.

Voyez ces deux petits Enfans, appliqués à étudier, aussi ils sauront leurs leçons, et recevront une récompense de leur maître, qui les fera aimer de leurs parens. En étudiant on devient savant et on obtient des prix.

La Géographie et la Sphère.

On ne peut apprendre la Géographie sans avoir sous les yeux la Sphère, qui représente le cours des Astres. On distingue facilement sur les Cartes les Mers, les Montagnes, les Rivières, les Villes, et tout ce qui forme le monde. Le globe est rond et il tourne autour du soleil. La géographie décrit le monde en cinq parties ; savoir : l'Europe, l'Asie, l'Afrique l'Amérique et, l'Océanie. La France est située dans la partie de l'Europe, qui est la plus peuplée et la plus tempérée.

La Guerre.

Dès qu'un Souverain a de justes raisons de se plaindre d'un autre Souverain, il lui déclare la guerre. Il envoie sur les terres de son ennemi des armées pour s'emparer des villes qui sont sus son obéissance; l'art de la guerre comprend l'attaque et la défense des villes.

La Musique.

La Musique enseigne les règles de l'harmonie, c'est ce qu'on appelle composition. Elle enseigne aussi à rendre méthodiquement, par le son de la voix ou par le secours des instrumens, les différens tons qui forment l'harmonie : ainsi on la divise en musique vocale et en musique instrumentale.

La Récompense.

Lorsque les enfans ont bien étudié, les maîtres les récompensent en leur donnant quelque chose. Voyez cette maîtresse qui vient d'ouvrir son panier elle présente à ses élèves des gâteaux, c'est pour les récompenser de ce qu'il ont bien su leur leçon.

La Médecine.

Le Médecin a fait des études pour connaître les corps humains; aussitôt que l'on se sent incommodé on a recours à lui ; il vous ordonne des remèdes propres à votre guérison. L'Etude du médecin est à l'infini.

La Poésie.

La Poésie est l'art de faire des vers, et l'on appelle Poètes ceux qui y réussissent. Les vers sont des mots arrangés dont on compte chaque syllabe. Il y a des vers de différentes longueurs, mais ils finissent toujours par un mot qui rime avec le dernier mot d'un autre vers.

L'HOMME PARFAIT.

Rendez au Créateur tout ce qu'on doit lui rendre.
Réfléchissez toujours avant que d'entreprendre.
Point de société qu'avec d'honnêtes gens ;
Ne vous enflez jamais de vos heureux talens.
Conformez-vous souvent aux sentimens des autres,
Cédez modestement, si l'on combat les vôtres.
Donnez attention à tout ce qu'on vous dit ,
Sans affecter jamais d'avoir beaucoup d'esprit.
N'entretenez personne au-delà de sa sphère,
Et dans tous vos discours soyez toujours sincère.
Tenez votre parole inviolablement,
Et ne promettez point inconsidérément.

Soyez officieux, complaisant, doux, affable,
En vous montrant toujours d'un accord favorable
Sans être familier, ayez un air aisé.
Ne décidez de rien qu'après l'avoir pesé.
Aimez sans intérêt, pardonnez sans faiblesse :
Soyez soumis aux grands, sans aucune bassesse.
Cultivez avec soin l'amitié d'un chacun :
A l'égard des procès, n'en intentez aucun.
Ne vous informez point des affaires des autres :
Avec attention attachez-vous aux vôtres.
Prêtez sans intérêt, mais toujours prudemment :
S'il faut récompenser, faites-le noblement;
Et de quelque façon que vous vouliez paraître,
Que ce soit sans excès, et sans vous méconnaître.
Compatissez partout aux disgrâces d'autrui :
Supportez ses défauts, soyez fidèle ami.
Surmontez le chagrin où l'esprit s'abandonne,
Sans le faire jamais rejaillir sur personne.
Où la discorde règne, établissez la paix,
Et ne vous vengez point qu'à force de bienfaits.
Reprenez sans aigreur, louez sans flatterie;
Riez honnêtement, entendez raillerie.
Estimez un chacun dans sa profession,
Et ne critiquez rien par ostentation.
Ne soyez pas ingrat, payez d'abord vos dettes,
Sans jamais reprocher le plaisir que vous faites.
Prévenez le besoin d'un ami malheureux :
Sans prodigalité, montrez-vous généreux.
Modérez les transports d'une bile naissante.
Jamais ne parlez mal de la personne absente.
Ménagez votre bien, et vivez sobrement.
Ne vous fatiguez point sur le gouvernement.
Dans la perte ou le gain, suivez la loi divine :
Au jeu, que l'intérêt jamais ne vous domine.
Toujours dans vos discours, modeste, retenu,
Que rien sur vos devoirs ne vous soit inconnu.
Parlez peu, parlez bien, et ne trompez personne,
Et faites toujours cas de ce que l'on vous donne.

Loin de tyranniser le pauvre débiteur ,
De sa tranquillité soyez plutôt l'auteur.
Au bonheur du prochain ne portez point envie,
Ne divulguez jamais ce que l'on vous confie.
Gardez votre secret, ne vous vantez de rien,
Vous serez le portrait du Sage et du Chrétien.

COMPLIMENS.

UN ENFANT A SON PAPA, POUR LE JOUR DE SA FÊTE.

En te présentant cette fleur,
Ton enfant t'offre peu de chose ;
Mais il te donne aussi son cœur :
Un bon cœur vaut mieux qu'une rose.

A SA MAMAN, POUR LE JOUR DE SA FÊTE.

Chants de reconnaissance et d'amour,
A ma mère je vous adresse ;
A ma mère, dont en ce jour
J'honore la vive tendresse.
Bonne maman, reçois ces fleurs
Que t'offre la main de l'enfance ;
C'est le seul encens qu'aux bons cœurs
Présente la douce innocence.

AUX MÊMES, POUR LE JOUR DE LEUR FÊTE.

Ce n'est point en offrant des fleurs
Que je veux peindre ma tendresse :
De leur parfum, de leurs couleurs,
En peu d'instans le charme cesse.
La rose naît en un moment,
En un moment elle est flétrie ;
Mais ce que pour vous mon cœur sent
Ne finira qu'avec ma vie.

A PAPA, POUR LE PREMIER JOUR DE L'AN.

Si le ciel exauce mes vœux,
Il prolongera tes journées ;
Car, lorsque l'on fait des heureux,
On ne vit jamais trop d'années.

A MAMAN, POUR LE PREMIER JOUR DE L'AN.

Santé, contentement, plaisirs,
Sont les souhaits de mon enfance :
Le ciel exauce les désirs
Qui sont formés par l'innocence.

RÈGLE D'ARITHMÉTIQUE,
Très aisée pour apprendre à compter.

1.2.3.4.5.6.7.8.9.0.10

2 *fois*	2 *font*	4	5 *fois*	8 *font*	40
3	2	6	5	9	45
3	3	9	5	10	50
3	4	12	6	6	36
3	5	15	6	7	42
3	6	18	6	8	48
3	7	21	6	9	54
3	8	24	6	10	60
3	9	27	7	7	49
4	4	16	7	8	56
4	5	20	7	9	63
4	6	24	7	10	70
4	7	28	8	8	64
4	8	32	8	9	72
4	9	36	8	10	80
5	5	25	9	9	81
5	6	30	9	10	90
5	7	35	10	10	100

CHIFFRES ROMAINS.

1	2	3	4	5	6	7	8	9	10
I.	II.	III.	IV.	V.	VI.	VII.	VIII.	IX.	X.

20	30	40	50	60	70	80	90
XX.	XXX.	XL.	L.	LX.	LXX.	LXXX.	XC.

100	200	300	400	500	600	700	800
C.	CC.	CCC.	CD.	D.	DC.	DCC.	DCCC.

900	1000	2000
CM.	M.	MM.

FIN.

9 782019 936259